Blechkuchen

klassisch und neu

> Autorin: Gudrun Ruschitzka | Fotos: Jörn Rynio

Inhalt

Die Theorie

Die Rezepte

➤ **GU Serviceseiten**

Frisch vom Blech

schmeckt Kuchen immer noch
am besten. Wenn Kuchenduft
durchs Haus zieht, kann keiner
widerstehen. Und gerade Blechkuchen verführt zum mehr-
maligen Zugreifen. Bei unseren
feinen neuen und klassischen
Blechkuchen-Rezepten findet
jeder seinen Liebling, ob mit
Streuseln oder Früchten, ganz
leicht oder eher üppig, aufwän-
dig oder superschnell gerührt
und gebacken. Was gibt es
Schöneres für Kuchenfreunde:
ein fein gedeckter Kaffeetisch
und leckere, mit Liebe geba-
ckene Blechkuchen?

Grundrezept Hefeteig

Die Zutaten

Wichtigste Regel bei der Zubereitung von Hefeteig: alle Zutaten sollten zimmerwarm sein und an einem warmen, zugfreien Ort verarbeitet werden. Nehmen Sie deshalb Hefe, Milch und Butter rechtzeitig aus dem Kühlschrank. Zweite Regel: Beim Kauf von frischer Hefe unbedingt auf das Verfallsdatum achten! Nur frische Hefe garantiert ein gutes Backergebnis.

Hefeteig

FÜR 1 BACKBLECH

➤ **400 g Mehl**
  1/2 Würfel Hefe
  1/8 l lauwarme Milch
  100 g Zucker
  1 Prise Salz
  100 g weiche Butter

TIPPS

Heute wird der einfache klassische Hefeteig häufig auch ohne Vorteig geknetet, mit etwas Übung und unter Beachtung aller Regeln funktioniert's nämlich genauso.

Wer Bedenken mit frischer Hefe hat, nimmt einfach Trockenhefe. 1 Päckchen reicht für 500 g Mehl und wird einfach in warmer Flüssigkeit aufgelöst.

1 Mehl sieben, Hefe hineinbröckeln, mit 4 EL Milch, 1 TL Zucker und wenig Mehl den Vorteig rühren. Zugedeckt 20 Min. gehen lassen.

2 Butter, restliche Milch, Zucker und Salz dazugeben und gut verkneten.

3 Den Teig zugedeckt an einem warmen Ort 45 Min. gehen lassen, bis er sein Volumen verdoppelt hat.

4 Den Teig noch einm[al] kneten, auf dem Bl[ech] ausrollen und nach Belieben belegen: [mit] Obst, Butter und Zu[cker] oder wie hier mit St[reu]seln (s. S. 14).

Grundrezepte

...hrteig

Für 1 Backblech
...1 g Butter
...g Zucker
...er
...g Mehl
...äckchen Backpulver

...ter und Zucker
...aumig rühren,
...rst die Eier unter-
...ren, dann Mehl und
...kpulver.

...gelingt's:
...aten bei Zimmer-
...peratur verarbeiten,
...g sofort aufs Blech
...eichen und backen.

Mürbeteig

Für 1 Backblech
150 g Zucker
300 g Butter
450 g Mehl

Zutaten auf die Arbeits-
fläche geben, mit einem
Messer durchhacken,
dann mit den Händen
verkneten.

So gelingt's:
Teig rasch verkneten,
damit er nicht zu warm
wird. Den Teig vor dem
Ausrollen mindestens
30 Min. kühl ruhen
lassen.

Biskuitteig

Für 1 Backblech
6 Eier
100 g Zucker
100 g Mehl
80 g Speisestärke

Eier trennen, Eigelbe mit
50 g Zucker und 2 EL
Wasser schaumig schla-
gen. Eiweiß mit dem
Rest Zucker zu Schnee
schlagen. Die Hälfte
des Eischnees unter die
Eigelbe heben, Mehl und
Stärke dazusieben, dann
Rest Eischnee darunter-
heben.

So gelingt's:
Eier sorgfältig trennen,
Teig sofort aufs Blech
streichen und backen.

Quark-Öl-Teig

Für 1 Backblech
200 g Quark
350 g Mehl
1 Prise Salz
3/4 Päckchen Back-
pulver
6 EL Öl
4 EL Milch
4 EL Zucker
1 Ei

Alle Zutaten miteinander
mischen, verkneten und
ausrollen.

So gelingt's:
Problemloser Teig für
Blechkuchen jeder Art.
Schmeckt ganz frisch
und noch lauwarm am
besten.

Backzutaten

Backaromen sind künstliche, in Öl gelöste Aromastoffe. In kleinen Glasröhrchen werden sie in den Geschmacksrichtungen Arrak, Bittermandel, Orange, Rum, Vanille und Zitrone angeboten.

Backpulver – richtig dosiert, gibt der Teigmasse den nötigen Trieb, damit er schön in die Höhe geht. Neben Natron besteht es aus Stärke und Weinstein. Wenn Backpulver im Teig ist und dadurch feucht wird, entsteht durch eine chemische Reaktion Kohlensäure: der Rührteig geht auf und wird luftig. So können Sie testen, ob ihr Backpulver noch frisch ge-

nug ist: 1 TL Backpulver in 1 Tasse heißes Wasser geben. Kommt es zur Blasenbildung, steht einem lockeren, saftigen Rührkuchen nichts im Wege!

Eier werden in vier verschiedenen Gewichtsklassen angeboten: in S (weniger als 53 g), M (53–63 g), L (bis zu 73 g) und XL (über 73 g). Für die Blechkuchenrezepte in diesem Buch sind Eier der Klasse M genau richtig.

Gelatine wird aus dem tierischen Eiweißstoff Kollagen hergestellt. Geschmacksneutral in Blätter- und Pulverform und farblos oder rot gefärbt erhältlich. Gelatine darf beim Auflösen nicht zu stark erhitzt werden, sonst verliert sie ihre Wirkung.

Kuvertüre gibt es in den Sorten Vollmilch, Zartbitter und in einer weißen Variante. Sie glänzt am schönsten, wenn Sie folgendermaßen vorgehen: klein gehackt im warmen Wasserbad schmelzen lassen, abkühlen lassen, danach nochmals leicht

> Bei Beachtung der Regeln ist der Umgang mit Kuvertüre kinderleicht.

erwärmen und auf den Kuchen streichen. Kuvertüre nicht heiß werden lassen.

Marzipanrohmasse besteht aus fein gemahlenen Mandeln mit Puderzucker vermengt und aromatisiert mit Mandelöl und Rosenwasser. Heute wird es vorwiegend industriell hergestellt.

Nougatmasse gibt es zu Blöcken verpackt im Backregal des Supermarkts. Hauptbestandteile sind Nussmark von Haselnüssen oder Mandeln, Zucker und Kakao.

Nüsse gibt es im Handel in allen Variationen: gemahlen, gehackt, gehobelt, mit und ohne Schale. Bei Nüssen gibt es deutliche Qualitäts- und Geschmacksunterschiede, wie

> Bilden sich Blasen im Wasser, ist Ihr Backpulver noch frisch genug.

auch der Frischegrad sehr unterschiedlich sein kann. Am besten sind immer noch selbst gesuchte oder auch in der Schale gekaufte Hasel- und Walnüsse. Sie müssen zwar geknackt, geröstet, je nach Geschmack gehäutet und dann gemahlen werden, bevor sie in den Kuchen wandern, geschmacklich lohnt sich die Mühe und Arbeit aber unbestritten.

Rosinen sind eigentlich Sultaninen. Die Beeren der Sultana-Traube sind angenehm kernlos und heller, saftiger und größer als die kleinen schwarzen Korinthen. Am natürlichsten sind ungeschwefelte Früchte. Geschwefelte Rosinen (Sultaninen) vor dem Backen unbedingt heiß abspülen.

Rum gibt vielen Kuchen ein tolles Aroma. Gut geeignet ist brauner Rum (54 %), auch zum Einweichen von Rosinen und Korinthen.

Tortenguss besteht aus Geliermittel, Stärke und Säure. Es gibt farblosen und roten Guss. Wenn Sie das Zuckerwasser durch frischen Saft oder verlängertes Fruchtpüree ersetzen, schmeckt er unvergleichlich besser. Tortenguss verleiht Obstkuchen schönen Glanz, die Früchte behalten ihre Farbe und trocknen nicht aus.

Vanilleschote ist die vielsamige Kapsel einer tropischen Orchideenart und bekommt erst durch Beizen ihr Aroma. Kuchen, Plätzchen, Liköre, Süßspeisen, eingemachtes Obst, Tee und sogar Tabak werden mit dem süßlichen und intensiven Vanillearoma verfeinert. Im Handel gibt es Vanillezucker und Bourbon-Vanillezucker. Vanillezucker ist Zucker mit künstlichem Vanillearoma, im „echten" Bourbon-Vanillezucker steckt fein geriebene Vanille.

Zimt, eines der ältesten Gewürze, ist die duftende dünne

Innenrinde des tropischen Lorbeerstrauches, die mehrfach übereinander gelegt und getrocknet wird. Die feinste und teuerste Zimtsorte ist der Ceylonzimt. Zimt nur fein gemahlen in den Teig geben. Wenn Sie kein Zimtpulver zur Hand haben, können Sie auch ganze Zimtstangen im Mörser zerstoßen und für den Kuchen verwenden. Bringt ein deutliches Plus an Aroma und Geschmack.

Abgeriebene **Zitronenschale** brauchen Sie sehr häufig für die Blechkuchenrezepte in diesem Buch. Verwenden Sie immer unbehandelte Früchte. Zitronen heiß abwaschen, trockenreiben und auf einer Reibe die Schale dünn abreiben. Sie können sich einen kleinen Vorrat anlegen: abgeriebene Zitronenschale mit Zucker in ein Schraubglas geben und im Kühlschrank aufbewahren – eignet sich auch für Reste und gilt ebenso für Orangenschale. Abgeriebene Zitronenschale gibt es mittlerweile auch fix und fertig im Backregal des Supermarkts in kleinen Alutütchen abgepackt.

Heiß und kalt

Kaffee-Grog
Für 4 Gläser
8 EL brauner Zucker
2 EL weiche Butter
je 1 Msp. Muskat-, Zimt-
und Nelkenpulver
je 1/8 l Rum, Aprikosen-
oder Kirschlikör
1/4 l heißer Kaffee
125 g Sahne
4 ganze Zimtstangen

Zucker mit Butter cre-
mig schlagen. Gewürze
dazugeben. Die Gläser
vorwärmen.
Den Rum und den Likör
erwärmen, mit dem Kaf-
fee und der Sahne zur
Zucker-Butter-Masse
geben. Sofort mit den
Zimtstangen servieren.

Kakao
Für 4 Tassen
1/2 l Milch + 3 EL Milch
3 EL Kakaopulver
2 EL Zucker
je 1 Prise Zimt und Salz

1/2 l Milch zum Kochen
bringen. Inzwischen
2–3 EL Kakaopulver mit
2 EL Zucker und je 1 Pri-
se Zimt und Salz in der
restlichen kalten Milch
anrühren.
Angerührtes Kakaopul-
ver unter Rühren in die
kochende Milch geben
und einmal aufkochen
lassen. Nach Belieben
mit Sahnehäubchen ser-
vieren.

Kalter Apfelpunsch
Für 4 Gläser
1 l Apfelsaft
1 Gewürznelke
4 Beutel schwarzer Tee
5 EL Zitronensaft
1 Apfel | Ginger Ale
Eiswürfel

1/4 l Apfelsaft mit der
Nelke aufkochen. Die
Teebeutel darin 5 Min.
ziehen lassen. Tee aus-
kühlen lassen.
Apfeltee mit Zitrone und
restlichem Apfelsaft mi-
schen. Apfel in kleinen
Stückchen auf die Gläser
verteilen. Punsch aufgie-
ßen, mit Ginger Ale und
Eiswürfeln auffüllen.

Teebowle
Für 8 Bowlengläser
6 TL schwarzer Tee
100 g Zucker
1 unbehandelte Zitro
4 cl brauner Rum
1 Flasche eiskalter Se

Aus dem Tee und 1 l
Wasser Tee zubereite
5 Min. ziehen lassen.
Zucker unterrühren u
den Tee erkalten lass
1 langes Stück Schale
von der Zitrone schäl
den Saft auspressen.
tronenschale, -saft u
Rum in den Tee gebe
30 Min. ziehen lassen
Vor dem Servieren m
dem Sekt aufgießen u
in Gläser füllen.

Feines zum Kuchen

araschinocreme

eilage für 1 Blech-
uchen
Eigelbe
EL + 100 g Puder-
cker
0 g weiche Butter
0 g Sahne
l Maraschinolikör

gelbe mit 3 EL Zucker
heißen Wasserbad
haumig schlagen,
nn kalt rühren. Butter
t 100 g Zucker ver-
hren. Sahne steif
hlagen.
gelbe, Maraschino
d Sahne unter die
ttermasse ziehen.

Weinschaumsauce

Beilage für 1 Blech-
kuchen
3 Eier
100 g Zucker
1/4 l trockener
Weißwein
4 EL Zitronensaft
1 EL Speisestärke

Die Eier trennen. Ei-
weiße steif schlagen.
Eigelbe mit dem Zucker
im heißen Wasserbad
verquirlen. Dabei nach
und nach Weißwein,
Zitronensaft und Stärke
unterschlagen.
Wenn die Masse cremig
wird, vom Herd ziehen
und den Eischnee unter-
heben.

Joghurtsauce

Beilage für 1 Blech-
kuchen
300 g Joghurt
6 El Milch
2 EL flüssiger Honig
2 EL Zitronensaft

Joghurt mit Milch ver-
quirlen.
Honig und Zitronensaft
darunter rühren.

Tipp
Rühren Sie zur Abwechs-
lung klein gehackte
Wal- oder Haselnüsse,
Mandeln oder Hasel-
nusskrokant in die
Joghurtsauce.

Schokoladensauce

Beilage für 1 Blech-
kuchen
100 g Kakaopulver
2 EL Zucker
370 ml Milch

Kakao mit dem Zucker in
einem Topf vermischen.
Mit dem Schneebesen
die Milch dazurühren
und unter ständigem
Rühren aufkochen las-
sen. Lauwarm oder kalt
zum Kuchen servieren.

Tipp
Cremiger wird die Sauce
mit 125 g Sahne.

Die Einfachen

Vom schlichten Butterkuchen bis zum Schoko-Rotwein-Kuchen – das Beste für jeden Tag. Klassische und neue Rezepte für unkomplizierte, preiswerte und schnelle Kuchen vom Blech. Ideal für die Familie, aber auch Gäste freuen sich über frisch gebackenen Streuselkuchen und saftige Möhrenschnitten.

Blitzrezepte

Prasselkuchen

FÜR 18 STÜCK

➤ 3 Platten TK-Blätterteig | 100 g Mehl
je 60 g Zucker und weiche Butter
1 Prise Salz | 60 g Puderzucker | 3 TL
Zitronensaft

1 | Teig auftauen. Ofen auf 225° vorheizen.
Mehl, Zucker, Butter und Salz zu Streuseln
verkneten. Jede Teigscheibe dünn ausrollen, mehrmals einstechen, mit Wasser
befeuchten, mit Streuseln belegen.

2 | Auf Backpapier (Mitte, Umluft 200°) in
20 Min. goldgelb backen. Puderzucker und
Zitronensaft verrühren, Kuchen damit bestreichen und in Stücke teilen.

Wellenkuchen

FÜR 1 BACKBLECH

➤ 6 Eigelb | 6 El Öl | 6 EL Mehl | 6 EL
Rum | 150 g Butter | 2 Päckchen Va-
nillezucker | 100 g Puderzucker | Fett
für das Blech

1 | Backofen auf 250° (auch Umluft) vor-
heizen. Eigelbe sehr schaumig rühren, Öl
zufügen, Mehl unterheben, Rum unterrühren. Teig 3 Min. kräftig schlagen, auf
das vorbereitete Blech streichen. Im Ofen
in 5–8 Min. goldgelb backen.

2 | Auskühlen lassen, mit zerlassener
Butter bestreichen und Vanillezucker
bestreuen. Wenn die Butter fest ist, mit
Puderzucker bestäuben.

preiswert

Butterkuchen

FÜR 1 BACKBLECH

➤ **Für den Teig:**
  300 g Mehl
  1/2 Würfel Hefe
  1 EL Zucker
  knapp 1/8 l lauwarme Milch
  2 Eigelb
  abgeriebene Schale von 1 unbehandelten Zitrone
  1 Prise Salz
  50 g weiche Butter
➤ **Für den Belag:**
  175 g Butter
  150 g Zucker
➤ **Für das Blech:**
  Backpapier

🕐 Zubereitung: 40 Min.
🕐 Ruhezeit: 1 Std. 10 Min.
🕐 Backzeit: 25 Min.
➤ Bei 20 Stück pro Stück ca.: 165 kcal

1 | Das Mehl sieben und in eine Schüssel geben. In das Mehl eine Mulde drücken, Hefe mit etwas Zucker hineinbröckeln, mit 3 EL Milch und etwas Mehl verrühren, Den Vorteig abgedeckt 20 Min. gehen lassen.

2 | Vorteig mit restlichen Teigzutaten zu einem geschmeidigen Teig verarbeiten. Zugedeckt 30 Min. an einem warmen Ort gehen lassen.

3 | Teig durchkneten, auf dem vorbereiteten Backblech ausrollen, in kleinen Abständen Vertiefungen eindrücken, Butterflöckchen darin verteilen, mit Zucker bestreuen. 20 Min. gehen lassen. Ofen auf 180° vorheizen.

4 | Im Ofen (Mitte, Umluft 160°) in 25 Min. goldgelb backen.

gelingt leicht

Buttermilchkuchen

FÜR 1 BACKBLECH

➤ **4 Eier**
  300 g Zucker
  400 g Buttermilch
  150 g Kokosflocken
  400 g Mehl
  1 Päckchen Backpulver
  50 g Butter
  150 g Sahne
➤ **Für das Blech: Backpapier oder Butter**

🕐 Zubereitung: 20 Min.
🕐 Backzeit: 40 Min.
➤ Bei 20 Stück pro Stück ca.: 235 kcal

1 | Den Backofen auf 180° vorheizen. Das Blech mit Backpapier belegen oder fetten.

2 | Die Eier mit 250 g Zucker schaumig rühren. Die Buttermilch und 100 g Kokosflocken unterrühren. Das Mehl mit dem Backpulver dazusieben. Alles gut verrühren.

3 | Den Teig auf dem Blech verteilen und mit den restlichen Kokosflocken bestreuen. Im Ofen (Mitte, Umluft 160°) 25 Min. backen.

4 | In der Zwischenzeit Butter, restlichen Zucker und Sahne 2 Min. köcheln lassen. Den Kuchen aus dem Ofen nehmen und mit der Buttermischung bestreichen. Im Ofen in 15 Min. goldbraun fertig backen.

im Bild vorne: **Buttermilchkuchen**   *im Bild hinten:* **Butterkuchen** ➤

gelingt leicht

Streuselkuchen

FÜR 1 BACKBLECH

- ➤ Für die Streusel:
  300 g Mehl | 200 g Zucker
  50 g gemahlene Mandeln
  200 g Butter
- ➤ Für den Teig:
  175 g Butter
  200 g Zucker
  1 Päckchen Vanillezucker
  Salz
  4 Eier | 350 g Mehl
  1 Päckchen Backpulver
- ➤ Für das Blech: Backpapier

- ⏲ Zubereitung: 1 Std.
- ⏲ Backzeit: 30 Min.
- ➤ Bei 20 Stück pro Stück ca.:
  360 kcal

1 | Für die Streusel Mehl, Zucker und Mandeln vermischen. Die Butter hinzufügen und zu Streuseln verarbeiten. Kalt stellen. Den Backofen auf 180° vorheizen. Das Blech mit Backpapier belegen.

2 | Für den Teig Butter mit Zucker, Vanillezucker, 2 Prisen Salz schaumig rühren, die Eier nach und nach dazugeben. Mehl und Backpulver dazusieben und unterrühren.

3 | Den Teig auf dem Blech glatt verstreichen, die Streusel darauf verteilen. Den Kuchen im Ofen (Mitte, Umluft 160°) zuerst 15 Min. backen, dann die Temperatur auf 160° zurückschalten und in 15 Min. fertig backen.

saftig | raffiniert

Streuselkuchen mit Quarkcreme

FÜR 1 BACKBLECH

- ➤ 1 Würfel Hefe (42 g)
  650 g Mehl
  6 Eier
  350 g weiche Butter
  220 g Zucker | Salz
  2 EL Speisestärke
  100 g Rosinen
  500 g Magerquark
  50 g gemahlene Mandeln
- ➤ Für das Blech: Butter oder Backpapier

- ⏲ Zubereitung: 40 Min.
- ⏲ Ruhezeit: 1 Std. 30 Min.
- ⏲ Backzeit: 50 Min.
- ➤ Bei 16 Stück pro Stück ca.:
  360 kcal

1 | Die Hefe in 150 ml lauwarmem Wasser auflösen. Mit 3 EL Mehl zu einem Teig verrühren und 30 Min. abgedeckt gehen lassen.

2 | Unter den Vorteig 4 Eier, 200 g Butter, 500 g Mehl, 3 EL Zucker und 2 Prisen Salz rühren und zu einem geschmeidigen Teig verarbeiten. Abgedeckt weitere 50 Min. gehen lassen.

3 | Die restlichen 2 Eier trennen. Eigelbe, Speisestärke, Rosinen, 100 g Zucker und Quark verrühren. Die Eiweiße steif schlagen und unterheben. Ofen auf 180° vorheizen. Das Blech vorbereiten.

4 | Den Teig durchkneten, auf dem Blech ausrollen, mit der Quarkmasse bestreichen. 10 Min. ruhen lassen.

5 | Für die Streusel 150 g Mehl, 100 g Zucker, 150 g Butter mit den Mandeln zu Streuseln krümeln und über dem Quark verteilen. Im Ofen (Mitte, Umluft 160°) 50 Min. backen.

schnell

Mandel-Krokant-Kuchen

FÜR 1 BACKBLECH

➤ 380 g weiche Butter
  330 g Zucker
  6 Eier
  250 g Mehl
  1 Päckchen Backpulver
  300 g gemahlene Mandeln
  1/8 l Milch
  4 EL Mandellikör (ersatz-weise 6 Tropfen Bitter-mandelöl)
  200 g Mandelstifte
➤ Für das Blech: Butter

🕐 Zubereitung: 1 Std.
🕐 Backzeit: 25 Min.
➤ Bei 20 Stück pro Stück ca.: 425 kcal

1 | In einer Schüssel 300 g Butter mit 250 g Zucker cremig rühren. Nach und nach die Eier unterschlagen. Das Mehl mit dem Back-pulver dazusieben. Die ge-mahlenen Mandeln, Milch und den Likör dazugeben.

2 | Den Backofen auf 200° vorheizen. Das Blech einfet-ten und den Teig gleichmäßig darauf verteilen. Mit den Mandelstiften bestreuen. Den restlichen Zucker da-rüber streuen und die rest-liche Butter in kleinen Flöck-chen auf dem Teig verteilen.

3 | Den Kuchen im Ofen (Mitte, Umluft 180°) in 25 Min. goldbraun backen.

gelingt leicht

Kokoskuchen

FÜR 1 BACKBLECH

➤ 6 Eier
  4 Eiweiße
  200 g Zucker
  1 Päckchen Vanillezucker
  Saft und abgeriebene Schale von 1 unbehandel-ten Zitrone
  125 g Weizengrieß
  100 g gemahlene Haselnüsse
  Salz
  150 g brauner Zucker
  200 g Kokosraspel
➤ Für das Blech: Butter oder Backpapier

🕐 Zubereitung: 1 Std. 45 Min.
🕐 Backzeit: 50 Min.
➤ Bei 30 Stück pro Stück ca.: 140 kcal

1 | Die Eier trennen. Eigelbe mit Zucker, Vanillezucker, Zitronensaft- und schale zu einer hellen Creme schlagen. Den Grieß und die Hasel-nüsse untermischen.

2 | Die 6 Eiweiße mit einer Prise Salz steif schlagen und unter den Teig heben. Das Blech fetten oder mit Back-papier belegen. Den Teig auf dem Blech verteilen. Den Backofen auf 175° vorheizen.

3 | Die 4 Eiweiße sehr steif schlagen. Den braunen Zu-cker mit den Kokosraspeln mischen und unter den Ei-schnee ziehen. Die Kokos-masse mit einem Teelöffel in größeren Abständen auf dem Teig verteilen. Im Ofen (Mit-te, Umluft 160°) in 50 Min. goldbraun backen. Den Ku-chen auskühlen lassen und in möglichst kleine Stückchen schneiden.

für Gäste
Nusskuchen mit Guss

FÜR 1 BACKBLECH

➤ **450 g Mehl**
1 1/2 Päckchen Backpulver
400 g Zucker
2 Päckchen Vanillezucker
Salz
350 g Buttermilch
4 Eier
200 g Haselnussblättchen (ersatzweise Mandelblättchen)
200 g Sahne
100 ml Milch
➤ **Für das Blech: Backpapier**

🕐 Zubereitung: 1 Std. 30 Min.
🕐 Backzeit: 50 Min.
➤ Bei 20 Stück pro Stück ca.: 280 kcal

1 | Das Mehl mit dem Backpulver in eine Schüssel sieben. 300 g Zucker, 1 Päckchen Vanillezucker, 1 Prise Salz, Buttermilch und 2 Eier hinzufügen. Alles mit den Schneebesen des Handrührgeräts zu einem dickflüssigen Teig verrühren. Den Backofen auf 180° vorheizen. Das Blech mit Backpapier belegen.

2 | Den Teig auf das Blech gießen. Die Haselnüsse mit 50 g Zucker und dem restlichen Vanillezucker mischen. Auf dem Teig verteilen und den Kuchen im Ofen (Mitte, Umluft 160°) 30 Min. backen.

3 | Sahne und Milch mit den restlichen Eiern und Zucker verquirlen. Den Kuchen aus dem Ofen ziehen, die Eiersahne darüber gießen und in 20 Min. fertig backen.

raffiniert
Gemischter Nusskuchen

FÜR 1 BACKBLECH

➤ **350 g Mehl | Salz**
3/4 Päckchen Backpulver
6 EL Öl
8 EL Milch
200 g Zucker
200 g Quark
120 g Butter
200 g Sahne
je 200 g gehackte Hasel- und Walnüsse
➤ **Für das Blech: Backpapier**

🕐 Zubereitung: 1 Std. 45 Min.
🕐 Backzeit: 35–40 Min.

➤ Bei 20 Stück pro Stück ca.: 340 kcal

1 | Das Mehl mit 1 Prise Salz und Backpulver mischen, eine Mulde hineindrücken. Öl und Milch hineingießen, mit 4 EL Zucker bestreuen und verkneten. Dabei nach und nach den Quark unterarbeiten.

2 | Den Quark-Öl-Teig auf einer bemehlten Arbeitsfläche auf Blechgröße ausrollen und auf das vorbereitete Blech legen.

3 | Die Butter schmelzen und den restlichen Zucker unter Rühren darin karamellisieren. Die Sahne dazugießen, 4 Min. köcheln lassen. Mit den Nüssen 5 Min. köcheln, dann abkühlen lassen. Den Backofen auf 180° vorheizen.

4 | Die Nussmasse auf dem Teig verstreichen. Den Kuchen im Backofen (Mitte, Umluft 160°) 35–40 Min. backen.

im Bild vorne: **Gemischter Nusskuchen**   *im Bild hinten:* **Nusskuchen mit Guss** ➤

raffiniert
Bananenkuchen

FÜR 1 BACKBLECH

➤ **500 g reife Bananen**
Saft und Schale 1 unbe-
handelten Zitrone
je 200 g weiche Butter
und Zucker
5 Eier
60 g gehackte Mandeln
Salz | 350 g Mehl
1/2 Päckchen Backpulver
200 g Zartbitter-Kuvertüre
➤ **Für das Blech: Butter**

🕐 Zubereitung: 1 Std. 30 Min.
🕐 Backzeit: 25 Min.
➤ Bei 20 Stück pro Stück ca.:
275 kcal

1 | Den Backofen auf 180°
vorheizen. Das Blech fetten.
Die Bananen schälen, zer-
drücken und mit dem Zitronensaft vermischen.

2 | Die Butter mit Zucker
cremig rühren. Die Eier nach
und nach unterrühren. Ba-
nanen, Zitronenschale, Mandeln und 1 Prise Salz unter-
mengen. Das Mehl und
Backpulver dazusieben, kurz
verrühren. Den Teig auf dem
Blech verstreichen und im
Ofen (Mitte, Umluft 160°)
25 Min. backen.

3 | Die Kuvertüre im heißen
Wasserbad schmelzen lassen.
Noch flüssig in einen Gefrier-
beutel füllen, eine kleine Ecke
abschneiden und die Kuvertüre über den abgekühlten
Kuchen träufeln.

für Gäste
Schoko-Rot-wein-Kuchen

FÜR 1 BACKBLECH

➤ **250 g weiche Butter**
250 g Puderzucker
5 Eier | 300 g Mehl
1 Päckchen Backpulver
1 TL Zimt | Salz
2 EL Kakaopulver
200 ml Rotwein
150 g Zartbitter-
Schokolade
200 g Halbbitter-Kuvertüre
60 g Mandelblättchen
➤ **Für das Blech: Butter**
und Mehl

🕐 Zubereitung: 1 Std. 45 Min.
🕐 Backzeit: 45 Min.
➤ Bei 20 Stück pro Stück ca.:
330 kcal

1 | Butter und Zucker cremig
rühren. Die Eier trennen und
die Eigelbe nach und nach
unterrühren. Das Mehl mit
dem Backpulver dazusieben.
Zimt, 1 Prise Salz, Kakao und
den Rotwein hinzufügen und
mit der Buttercreme ver-
rühren.

2 | Den Backofen auf 180°
vorheizen. Das Blech ein-
fetten und mit etwas Mehl
bestäuben. Die Schokolade
klein hacken.

3 | Die Eiweiße mit 1 Prise
Salz steif schlagen. Schoko-
ladenstückchen und Eiweiß
unter den Teig heben und auf
dem Blech verstreichen. Im
Ofen (Mitte, Umluft 160°)
45 Min. backen.

4 | Die Kuvertüre grob
hacken und im heißen Was-
serbad schmelzen lassen. Die
Mandeln ohne Fett in einer
Pfanne goldbraun anrösten.
Die Glasur auf dem noch
warmen Kuchen verstreichen
und mit den Mandeln
bestreuen. Dazu schmeckt
halbsteif geschlagene Sahne.

gelingt leicht

Mohnkuchen

FÜR 1 BACKBLECH

➤ **Für den Teig:**

2 Eier

6 EL Öl

150 g Magerquark

6 EL Zucker

1 Prise Salz

abgeriebene Schale von
1 unbehandelten Zitrone

350 g Mehl

3 TL Backpulver

➤ **Für den Belag:**

3 EL Rosinen

3 EL Rum (ersatzweise
Apfelsaft)

100 g gemahlene
Mandeln

200 g weiche Butter

200 g Zuckerrübensirup

2 Päckchen Vanillezucker

2 Prisen Zimt

1/4 l Milch

5 Eier

250 g gemahlener Mohn

Puderzucker zum Bestäuben

🕐 Zubereitung: 50 Min.

🕐 Backzeit: 30 Min.

➤ Bei 20 Stück pro Stück ca.:
350 kcal

1 | Für den Belag die Rosinen im Rum einweichen und beiseite stellen. Für den Teig die Eier mit Öl und Quark verrühren. Zucker, 1 Prise Salz und Zitronenschale dazugeben. Das Mehl mit dem Backpulver dazusieben und alles gründlich verkneten. Das Backblech fetten.

2 | Für den Belag die gemahlenen Mandeln in einem Topf trocken rösten. Die Butter, den Sirup und Vanillezucker dazugeben und unter Rühren die Butter schmelzen lassen. Die Milch angießen und aufkochen lassen. Den Mohn dazugeben und alles gründlich verrühren. Die Mohnmasse in eine Schüssel umfüllen und 30 Min. abkühlen lassen, dabei immer wieder umrühren.

3 | Inzwischen den Teig auf Blechgröße ausrollen und auf das Blech legen. Mit einer Gabel mehrmals den Boden einstechen. Den Backofen auf 175° vorheizen.

4 | Die Eier trennen. Eigelbe gründlich mit der Mohnmasse verrühren. Rum-Rosinen dazugeben. Eiweiße zu Schnee schlagen und unterheben. Den Mohnbelag auf dem Teig verstreichen. Den Kuchen im Backofen (Mitte, Umluft 160°) 30 Min. backen, bis die Masse fest ist (Stäbchenprobe). Nach dem Abkühlen leicht mit Puderzucker bestäuben.

TIPPS

Gemahlener Mohn ist nicht überall erhältlich. Falls Sie keine Mohnmühle haben, können Sie auch problemlos den Blitzhacker zum Zerkleinern verwenden. Oder Sie entscheiden sich gleich für eine backfertige Mohnmischung aus dem Backregal im Supermarkt, die Sie nach Packungsanweisung weiterverarbeiten.

raffiniert
Möhrenschnitten

FÜR 1 BACKBLECH

➤ 6 Eier
  1/4 l Öl
  350 g Mehl
  Salz
  1 Päckchen Backpulver
  600 g Möhren
  1 unbehandelte Orange
  5 EL flüssiger Honig
  200 g gehackte Mandeln
  100 g Butter
  300 g Puderzucker
  5 EL Zitronensaft
  Für das Blech: Butter und
  Zwiebackbrösel

🕐 Zubereitung: 2 Std.
🕐 Backzeit: 50 Min.
➤ Bei 20 Stück pro Stück ca.:
  320 kcal

1 │ Eier cremig rühren, nach und nach das Öl unterschlagen. Mehl, 2 Prisen Salz und Backpulver unterarbeiten. Den Ofen auf 180° vorheizen. Das Blech fetten und mit den Bröseln bestreuen.

2 │ Die Möhren waschen, putzen und raspeln. Die Orange heiß abwaschen und die Schale abreiben. 3 EL Saft auspressen. Möhren, Orangenschale- und -saft mit Honig und Nüssen unter den Teig mengen. Diese Masse auf dem Blech verstreichen und im Ofen (Mitte, Umluft 160°) 50–60 Min. backen. Kuchen abkühlen lassen.

3 │ Butter schmelzen lassen. Den Puderzucker mit so viel Zitronensaft unterrühren, dass ein dickflüssiger Guss entsteht. Puderzucker-Zitronen-Mischung mit der Butter verrühren und mit einem Backpinsel auf den Kuchen streichen. Den Guss fest werden lassen und den Kuchen in möglichst kleine Stückchen schneiden.

TIPP

Bienenhonig abmessen geht besser, wenn der Löffel vorher in Öl getaucht wird. Durch den dünnen Ölfilm gleitet der Honig ganz leicht ab und es entstehen keine Wiegeverluste.

➤ Variante: Gut schmeckt statt Zitronenguss auch eine Creme. Dafür 200 g Doppelrahm-Frischkäse mit 100 g Butter, 100 g Puderzucker und 2 Päckchen Vanillezucker schaumig rühren. Den fertigen Kuchen damit bestreichen.

➤ Variante:

Zucchinischnitten

600 g Zucchini waschen, putzen und fein raspeln. Den Backofen auf 175° vorheizen. 6 Eier mit 250 g Zucker schaumig schlagen. Unter die Eier-Zucker-Mischung 1/4 l Öl rühren. 350 g Mehl mit 1 Päckchen Backpulver, 4 EL Kakaopulver, 2 TL Zimt, 1/2 TL gemahlene Nelken vermischen. Die Mehlmischung mit den Eiern verrühren. Zucchini und 50 g gehackte Mandeln zum Teig geben und verrühren. Das Backblech fetten. Den Teig auf dem Blech verstreichen und im Ofen (Mitte, Umluft 160°) 50 Min. backen. Den Kuchen nach dem Abkühlen mit Puderzucker bestäuben.

gelingt leicht

Zitronenkuchen

FÜR 1 BACKBLECH

- ➤ 5 Eier
- 150 g Zucker
- 150 g weiche Butter
- Mark von 1 Vanilleschote
- 300 g Mehl
- 3/4 Päckchen Backpulver
- 3 unbehandelte Zitronen
- Salz
- 200 g Puderzucker
- ➤ Für das Blech: Backpapier

- 🕘 Zubereitung: 1 Std. 45 Min.
- 🕘 Backzeit: 35–40 Min.
- ➤ Bei 20 Stück pro Stück ca.: 195 kcal

1 | Die Eier trennen. Eigelbe, Zucker, Butter und Vanille-mark schaumig rühren. Mehl und Backpulver dazusieben und unterheben.

2 | Die Zitronenschale ab-reiben, den Saft auspressen. Je die Hälfte der Zitronen-schale und Saft unter den Teig mengen. Den Backofen auf 180° vorheizen.

3 | Die Eiweiße mit 2 Prisen Salz steif schlagen und unter

den Teig heben. Den Teig auf das vorbereitete Blech strei-chen und im Ofen (Mitte, Umluft 160°) 35–40 Min. backen.

4 | Puderzucker mit restlicher Zitronenschale und so viel Saft verrühren, dass eine dickliche Masse entsteht. Auf den abgekühlten Kuchen streichen.

lässt sich gut vorbereiten

Knuspriger Zitronenkuchen

FÜR 1 BACKBLECH

- ➤ 300 g TK-Blätterteig
- 4 unbehandelte Zitronen
- 250 g weiche Butter
- 500 g Puderzucker | Salz
- 5 Eier
- 200 g Mehl (+ Mehl für die Arbeitsfläche)
- 200 g Speisestärke
- 1/2 Päckchen Backpulver
- ➤ Für das Blech: Backpapier

- 🕘 Zubereitung: 1 Std. 45 Min.
- 🕘 Backzeit: 35–40 Min.
- ➤ Bei 20 Stück pro Stück ca.: 340 kcal

1 | Blätterteig auftauen lassen. Auf einer bemehlten Fläche jede Platte zum Quadrat dünn ausrollen, überlappend auf das vorbereitete Back-blech legen, die Ränder zu-sammendrücken und Teig mehrmals einstechen. Den Ofen auf 200° vorheizen.

2 | Zitronenschale abreiben und Saft auspressen. Butter, 300 g Puderzucker, 2 Prisen Salz und die Eier (1 EL Eiweiß beiseite stellen) schaumig rühren. Mehl, Speisestärke und Backpulver unterheben. Zwei Drittel von Zitronen-schale- und saft unterrühren.

3 | Den Rührteig auf dem Blätterteig verstreichen. Im Ofen (Mitte, Umluft 180°) 35–40 Min. backen. Leicht abkühlen lassen.

4 | Restliche Zitronenschale und -saft mit Puderzucker mit Eiweiß glatt rühren. Auf dem Kuchen verstreichen und fest werden lassen.

Lieblingskuchen mit Frucht und Quark

Beides macht den Blechkuchen saftig: frisches Obst und frischer Quark. Ob solo oder in geglückter Verbindung miteinander – hier bleibt kein Kuchen trocken. Äpfel haben immer Saison, köstliche Beerenvariationen begeistern im Sommer, im Herbst warten Pflaumen darauf, aufs Blech gelegt zu werden. Und für zwischendurch gibt es saftig-süße Kirschen aus dem Glas.

Blitzrezepte

Kirschkuchen

FÜR 1 BACKBLECH

➤ 1 Glas Schattenmorellen (370 g netto)
200 g Sahne | 200 g Zucker | 4 Eier
Salz | 250 g Mehl | 1 Päckchen Back-
pulver | 50 g Butter | 50 g gehackte
Pistazien

1 | Kirschen abtropfen lassen. Sahne,
Zucker, Eier und 1 Prise Salz schaumig
rühren. Mehl und Backpulver unterheben.
Ofen auf 180° vorheizen.

2 | Teig auf ein mit Backpapier belegtes
Blech streichen, mit den Kirschen belegen.
Im Ofen (Mitte, Umluft 160°) 35 Min.
backen. Heiß mit flüssiger Butter bestreichen und mit Pistazien bestreuen.

Käsekuchen

FÜR 1 BACKBLECH

➤ 400 g Doppelrahm-Frischkäse | 500 g
Magerquark | 5 Eier | 300 g Zucker
2 Päckchen Vanillepuddingpulver
100 g Rosinen | Fett für das Backblech

1 | Ofen auf 180° vorheizen. Frischkäse,
Quark, Eier, Zucker und Puddingpulver
gründlich verrühren. Rosinen unterheben.

2 | Teig auf das vorbereitete Blech strei-
chen und im Ofen (Mitte, Umluft 160°)
40 Min. backen.

gelingt leicht

Dunkler Apfelkuchen

FÜR 1 BACKBLECH

➤ 250 g Butter
200 g Zucker | Salz
5 Eier | 350 g Mehl
1 Päckchen Backpulver
100 ml Milch | 2 EL Kakao
200 g gemahlene Mandeln
1,8 kg Äpfel (z. B. Boskop, Cox Orange)
200 g Aprikosenkonfitüre
2 cl Aprikosenlikör oder -brand (nach Belieben)
25 g gehackte Pistazien

➤ Für das Blech: Butter

🕐 Zubereitung: 1 Std. 45 Min.
🕐 Backzeit: 50 Min.
➤ Bei 20 Stück pro Stück ca.: 345 kcal

1 | Die Butter mit Zucker und 2 Prisen Salz schaumig rühren. Nacheinander die Eier unterrühren. Das Mehl mit dem Backpulver dazusieben. Milch, Kakao und Mandeln hinzufügen und verrühren. Das Blech einfetten und den Teig darauf verstreichen. Den Backofen auf 180° vorheizen.

2 | Die Äpfel vierteln, schälen, entkernen und in dicke Spalten schneiden. Dachziegelartig auf den Teig legen, dabei leicht eindrücken. Den Kuchen im Ofen (Mitte, Umluft 160°) 50 Min. backen.

3 | Die Aprikosenmarmelade erhitzen, durch ein Sieb streichen und nach Belieben mit dem Likör oder Schnaps vermischen. Noch warm auf den Kuchen streichen und mit den Pistazien bestreuen.

saftig

Quark-Apfelkuchen

FÜR 1 BACKBLECH

➤ 125 g Buttermilch
450 g Magerquark
250 g Zucker | 5 EL Öl
250 g Mehl
1/2 Päckchen Backpulver
1,5 kg Äpfel (z. B. Berlepsch, Gravensteiner)
Saft von 1 Zitrone
4 Eier
1 Päckchen Vanille-Saucenpulver
100 g weiche Butter

➤ Für das Blech: Backpapier

🕐 Zubereitung: 2 Std.
🕐 Backzeit: 45 Min.
➤ Bei 20 Stück pro Stück ca.: 225 kcal

1 | Die Buttermilch mit 200 g Quark, 100 g Zucker und dem Öl verrühren. Mehl und Backpulver dazusieben und alles zu einem glatten Teig verarbeiten. Das Blech mit Backpapier belegen und den Teig darauf verteilen.

2 | Die Äpfel schälen, vierteln, putzen und in kleine Stücke schneiden. Mit dem Zitronensaft vermengen. Den Backofen auf 200° vorheizen.

3 | In einer Schüssel die Eier mit dem Saucenpulver verrühren. Mit dem restlichen Quark, Zucker, Butter und Äpfeln vermischen. Masse auf dem Teig verteilen und im Ofen (Mitte, Umluft 180°) 45 Min. backen.

➤ Variante: Sie können auch zusätzlich gehackte Nüsse oder Rosinen unter die Apfelstückchen mischen.

gut vorzubereiten
Apfel-Mohn-Kuchen

FÜR 1 BACKBLECH

➤ 500 g Mehl
30 g Hefe
1/4 l lauwarme Milch
5 EL Korinthen
4 EL Rum (ersatzweise Apfelsaft)
150 g weiche Butter
100 g Magerquark
200 g Honig
2 Eier + 1 Eigelb
2 Msp. Zimtpulver | Salz
250 g Sahne
250 g gemahlener Mohn
800 g Äpfel (z. B. Granny Smith, Boskop)
3 EL Zitronensaft
Puderzucker nach Belieben

➤ Für das Blech: Backpapier

🕐 Zubereitung: 2 Std. 15 Min.
🕐 Ruhezeit: 1 Std. 50 Min.
🕐 Backzeit: 35–40 Min.

➤ Bei 20 Stück pro Stück ca.: 325 kcal

1 | Das Mehl in eine Schüssel sieben, in die Mitte eine Mulde drücken. Die Hefe in der Milch auflösen, mit etwas Mehl verrühren und abge- deckt 30 Min. ruhen lassen. Die Korinthen in Rum ein- weichen.

2 | 75 g Butter, Quark, 100 g Honig, 1 Ei, 1 Eigelb, 1 Msp. Zimt und 1 Prise Salz ver- rühren. Alles gründlich mit dem Hefevorteig verarbeiten und 1 Std. an einem warmen Ort zugedeckt gehen lassen.

3 | Restliche Butter und rest- lichen Honig mit der Sahne aufkochen. Zur Seite stellen, den Mohn einrühren und ausquellen lassen. Inzwischen das Backblech mit Backpapier belegen.

4 | Die Äpfel vierteln, schälen und raspeln. Äpfel mit Zitro- nensaft beträufeln. Zusam- men mit dem letzten Ei und den Korinthen unter die Mohnmasse rühren. Den Teig nochmals durchkneten, ausrollen und auf das Blech legen. Die Apfel-Mohn-Masse gleichmäßig darauf verstrei- chen und nochmals 20 Min. gehen lassen.

5 | Den Backofen auf 200° vorheizen. Den Kuchen (Mit- te, Umluft 180°) 35–40 Min. backen. Nach Belieben noch mit Puderzucker bestäuben.

TIPPS

➤ Backen Sie den Kuchen halb mit, halb ohne Mohn. Dafür die Butter-Honig-Sahne- Mischung (siehe Step 3) mit dem Ei und den Korinthen vermischen. Die Hälfte dieser Masse mit 400 g geraspelten, mit Zitronensaft beträu- felten Äpfeln, den an- deren Teil mit 125 g gemahlenem Mohn mischen. Beides je- weils auf die Hälfte des Teigs verstreichen. Die Apfelhälfte nach dem Backen mit Zimtzucker bestreuen, die Mohn- hälfte wie im Rezept beschrieben mit Puder- zucker.

➤ Eine sehr feine und aparte Variante: er- setzen Sie den Honig durch Ahornsirup.

braucht etwas Zeit

Orangenkuchen

FÜR 20 STÜCK

➤ **4 Orangen**
  3 EL Amaretto
  (nach Belieben)
  300 g TK-Blätterteig
  125 g Marzipan-Rohmasse
  100 g Puderzucker
  5 EL Orangenmarmelade
  10 Maraschinokirschen
  Mehl für die Arbeitsfläche
➤ **Für das Blech: Backpapier**

🕐 Zubereitung: 2 Std.
🕐 Backzeit: 40 Min.
➤ Pro Stück ca.: 130 kcal

1 | Die Orangen mit der weißen Haut schälen, in dünne Scheiben schneiden und mit Amaretto beträufeln.

2 | Blätterteig auftauen lassen. Auf einer bemehlten Arbeitsfläche leicht überlappend zu einem Quadrat (ca. 25 x 25 cm) ausrollen. Auf das vorbereitete Blech legen und mehrmals einstechen.

3 | Marzipan mit Puderzucker (bis auf 2 EL) verkneten, etwas kleiner als die Teigplatte

ausrollen und auf den Teig legen. Ofen auf 180° vorheizen.

4 | Die Orangenscheiben abtupfen, überlappend auf das Marzipan legen. Im Ofen (unten, Umluft 160°) 45–50 Min. backen (nach 25 Min mit Alufolie abdecken). Abgekühlt mit Puderzucker bestäuben, mit der Marmelade bestreichen und mit halbierten Kirschen belegen.

ganz einfach

Sauerkirsch-Quark-Kuchen

FÜR 1 TIEFES BACKBLECH

➤ **1 kg Sauerkirschen**
  250 g Zucker
  250 g weiche Butter
  2 Päckchen Vanillezucker
  Salz | 5 Eier
  500 g Magerquark
  400 g Mehl
  1 Päckchen Backpulver
  Hagelzucker zum Bestreuen
➤ **Für das Blech: Butter**

🕐 Zubereitung: 1 Std. 15 Min.
🕐 Backzeit: 45 Min.

➤ Bei 20 Stück pro Stück ca.: 275 kcal

1 | Kirschen waschen, entstielen, entsteinen, mit 2 EL Zucker bestreuen und zur Seite stellen.

2 | Butter, Vanillezucker, Zucker und 2 Prisen Salz schaumig rühren. Eier nacheinander unterschlagen. Quark unterrühren, Mehl und Backpulver unterheben. Den Ofen auf 180° vorheizen.

3 | Teig auf dem gefetteten Blech glatt streichen, Kirschen darauf verteilen mit Hagelzucker bestreuen, im Ofen (Mitte, Umluft 160°) 45 Min. backen. Dazu schmeckt halbsteif geschlagene Sahne.

raffiniert
Baiser-Stachelbeerkuchen

FÜR 1 BACKBLECH
- 2 kg grüne Stachelbeeren
  350 g Zucker
  300 g weiche Butter
  2 Päckchen Vanillezucker
  Salz
  3 Eier
  400 g Mehl
  80 g Speisestärke
  1 Päckchen Backpulver
  4 EL Milch
  120 g Zwieback
- Für die Baisermasse:
  4 Eiweiße
  200 g Puderzucker
- Für das Blech: Butter

🕐 Zubereitung: 1 Std. 45 Min.
🕐 Backzeit: 55 Min.
- Bei 20 Stück pro Stück ca.: 380 kcal

1 | Die Stachelbeeren putzen. 1/4 l Wasser mit 5 EL Zucker aufkochen und die Beeren darin 2 Min. blanchieren. In einem Sieb abtropfen lassen.

2 | 250 g Butter mit dem restlichen Zucker, Vanillezucker, 1 Prise Salz und den Eiern schaumig rühren. Mehl, Speisestärke und Backpulver unterheben. Mit der Milch verrühren. Den Backofen auf 200° vorheizen.

3 | Zwieback in einem Gefrierbeutel mit der Kuchenrolle fein zermahlen. Teig auf dem gefetteten Blech verstreichen, mit den Krümeln bestreuen und den Beeren belegen. Mit der restlichen geschmolzenen Butter die Beeren bestreichen. Im Ofen (Mitte, Umluft 180°) 50 Min. backen.

4 | Eiweiße sehr steif schlagen, dann den Zucker unterheben. Den Kuchen aus dem Ofen nehmen. Die Masse mit einem Spritzbeutel gitterförmig auf den Kuchen spritzen. Im Ofen (oben) in 5 Min. goldgelb überbacken.

- Varianten:
  Statt Stachelbeeren können Sie während der Beerensaison sehr gut Johannisbeeren verwenden. Der Blechkuchen wird auch optisch zu einem besonderen Genuss, wenn Sie schwarze und rote Johannisbeeren in einem Muster (zum Beispiel in diagonalen Streifen) auf dem Teigboden verteilen.

  Wer Baiser mag, sollte einmal Mandel- oder Haselnussbaiser versuchen: einfach unter den fertig geschlagenen Eischnee 100 g gehackte oder gemahlene Mandeln oder Haselnüsse heben, auf dem Kuchen verstreichen und wie gewohnt backen.

  Zu Beerenkuchen passt hervorragend ein Eierguss. Den Teig wie im Rezept beschrieben auf dem Blech verstreichen, mit Zwiebackbröseln bestreuen und mit den Beeren belegen. Den Backofen auf 175° vorheizen. Aus 100 g Zucker, 4 Eiern, 200 g Crème fraîche oder saurer Sahne einen Guss rühren und über den Beeren verteilen. Den Kuchen im Backofen (Mitte, Umluft 160°) 45 Min. backen, mit Puderzucker bestäubt servieren.

für Gäste

Johannisbeerkuchen

FÜR 1 BACKBLECH

➤ 4 Eier
140 g Zucker
1 Päckchen Vanillezucker
Salz
140 g Mehl
2 TL Backpulver
2 EL Kakao
2 Päckchen Mousse á la
Vanille (Fertigprodukt)
1/2 l Milch
250 g rote Johannisbeeren
2 cl Johannisbeerlikör
(nach Belieben)
100 g Schokoladenstreusel
➤ Für das Blech: Backpapier
und Butter

🕐 Zubereitung: 1 Std. 30 Min.
🕐 Backzeit: 25 Min.
➤ Bei 20 Stück pro Stück ca.:
130 kcal

1 | Den Backofen auf 200°
vorheizen. Das Blech mit
Backpapier belegen und
leicht mit Butter einfetten.
Eier trennen, Eiweiße in eine
getrennte Schüssel geben.
Eigelbe mit 100 g Zucker,
Vanillezucker und 1 Prise Salz
dick schaumig rühren.

2 | Eiweiße mit restlichem
Zucker steif schlagen. Die
Hälfte Eischnee unter die
Eigelbmasse rühren, dann
Mehl, Backpulver und Kakao
dazugeben. Restlichen Ei-
schnee unterheben. Die Teig-
masse gleichmäßig auf dem
Blech verstreichen. Im Ofen
(Mitte, Umluft 180°) in
15 Min. hellgelb backen.
Danach leicht abkühlen las-
sen, auf ein Brett stürzen und
das Papier abziehen.

3 | Die Mousse mit Milch
nach Packungsanweisung
zubereiten. In einer Schüssel
abgedeckt im Kühlschrank
fest werden lassen. Die Johannisbeeren abspülen und putzen und dann unter die
Mousse heben.

4 | Die Teigplatte halbieren.
Eine Hälfte mit Likör beträu-
feln, mit der Hälfte der Creme bestreichen. Die andere
Teighälfte darauf legen, mit
der restlichen Creme bestreichen und mit den Schokola-
denstreuseln bestreuen.

➤ Variante:

Johannisbeer-Sahne-Rolle

Den Teig wie im Rezept
beschrieben zubereiten
und backen. Ein Küchen-
tuch inzwischen ausbreiten
und mit wenig Zucker be-
streuen. Die Teigplatte
nach dem Backen sofort
auf das Tuch stürzen, das
Backpapier abziehen und
den Biskuit mit Hilfe des
Küchentuchs aufrollen.
Für den Belag die Mousse
zubereiten, fest werden
lassen und die Beeren
unterheben.

Den Biskuit auseinander
rollen, die Creme darauf
verstreichen. Biskuit mit
Hilfe des Tuchs wieder zu-
sammenrollen. Die Rolle
nach Belieben mit steif
geschlagener, leicht gesüß-
ter Sahne bestreichen und
mit Johannisbeeren deko-
rieren oder schlicht mit
Puderzucker bestäuben.

gelingt leicht

Rhabarberkuchen

FÜR 1 TIEFES BACKBLECH

➤ Für den Teig:

150 g Magerquark

6 EL Milch

8 EL Öl

50 g Honig

Salz

1 Päckchen Vanillezucker

300 g helles Dinkelmehl

1 Päckchen Backpulver

1,6 kg Rhabarber

➤ Für den Guss:

400 g Sahne | 2 Eier

1 Päckchen Vanillepudding

100 g Zucker

➤ Für das Blech: Backpapier oder Butter

🕓 Zubereitung: 2 Std.

🕓 Backzeit: 40 Min.

➤ Bei 20 Stück pro Stück ca.: 210 kcal

1 | Quark mit Milch, Öl, Honig, 1 Prise Salz und Vanillezucker verrühren. Mehl und Backpulver dazusieben und verkneten.

2 | Das Blech vorbereiten. Den Teig darauf ausrollen, dabei die Ränder etwas hochdrücken. Bis zum Backen kühl stellen. Den Backofen auf 180° vorheizen.

3 | Den Rhabarber putzen und in 2 cm große Stücke schneiden. Mit heißem Wasser überbrühen, durch ein Sieb gießen und gut abtropfen lassen. Die Stücke auf den Teig verteilen und den Kuchen im Ofen (Mitte, Umluft 160°) 15 Min. vorbacken.

4 | Inzwischen für den Guss Sahne, Eier, Puddingpulver und Zucker verquirlen. Über dem Rhabarber verteilen, den Kuchen in 25 Min. fertig backen.

➤ Varianten:

Mandelblättchen (100 g) zwischen den Rhabarber streuen.

Statt Quark-Öl-Teig passt bei Rhabarber auch immer gut ein Rührteig. Zunächst 1,6 kg Rhabarber waschen, putzen, in Stücke schneiden, dann beiseite stellen. Den Backofen auf 180° vorheizen. Für den Teig 250 g weiche Butter mit 200 g Zucker, 1 Prise Salz und 1 Päckchen Vanillezucker schaumig rühren, bis sich der Zucker aufgelöst hat. Nach und nach 5 Eier darunter rühren. 350 g Mehl mit 1 Päckchen Backpulver sieben und in die Butter-Zucker-Masse rühren. Den Teig dann nicht mehr weiterrühren, sondern sofort auf das vorbereitete Blech streichen und mit dem Rhabarber belegen. 100 g Mandelblättchen mit 6 EL Puderzucker mischen und über den Rhabarber streuen. Im Ofen (Mitte, Umluft 160°) 45 Min. backen. Der Kuchen schmeckt frisch und lauwarm am besten, dazu passt geschlagene Sahne.

gelingt leicht
Aprikosenkuchen

FÜR 1 BACKBLECH

➤ 1,5 kg reife Aprikosen
200 g weiche Butter
200 g Zucker
2 Päckchen Vanillezucker
Schale und Saft 1/2 unbehandelten Zitrone
200 g Mehl
150 g Speisestärke
3/4 Päckchen Backpulver
6 Eier
Salz
➤ Für das Blech: Backpapier
➤ Zum Bestreuen: Puderzucker

⏲ Zubereitung: 2 Std.
⏲ Backzeit: 35 Min.
➤ Bei 20 Stück pro Stück ca.: 230 kcal

1 | Die Aprikosen waschen, halbieren und den Stein entfernen. Den Backofen auf 180° vorheizen. Das Blech mit Backpapier belegen.

2 | Die Butter mit 100 g Zucker, 1 Päckchen Vanillezucker, Zitronenschale und -saft schaumig rühren. 180 g Mehl und 100 g Speisestärke

mit dem Backpulver vermischen. Nacheinander 3 Eier und die Mehlmischung mit der Butter verrühren.

3 | Den Teig auf dem Blech verstreichen. Die Aprikosen mit der Rundung nach oben auf den Teig legen. Den Kuchen im Ofen (Mitte, Umluft 160°) 35 Min. backen.

4 | Die restlichen Eier trennen. Eiweiße mit 1 Prise Salz steif schlagen. Eigelbe mit restlichem Zucker und Vanillezucker cremig rühren. Restliches Mehl und Speisestärke mischen. Unter die Eigelbmasse zuerst die Hälfte des Eischnees heben. Dann die Mehlmischung dazusieben und mit dem Rest Eischnee bedecken. Alles behutsam mischen.

5 | Den Kuchen aus dem Ofen nehmen und die Biskuitmasse auf den Aprikosen verteilen. In 20 Min. fertig backen. Abkühlen lassen und mit Puderzucker bestäuben.

TIPP

Sie können die Aprikosen vorher enthäuten. Dafür die entsteinten Früchte mit der Hautseite nach unten in wenig kochendem Wasser abgedeckt 2 Min. dünsten. Abtropfen lassen, die Haut abziehen und die Aprikosen auskühlen lassen.

➤ Varianten:
Aprikosenkuchen schmeckt auch sehr fein mit Streuseln oder einem Guss. Dafür den Teig für den Boden wie im Rezept beschrieben zubereiten, mit den Aprikosen belegen.

Für die Streusel 150 g Butter, 200 g Mehl und 120 g Zucker mit den Fingern kneten und über die Aprikosen streuen.

Für den Guss 200 g saure Sahne (oder Crème fraîche) mit 3 Eiern und 100 g Zucker verrühren und über den Aprikosen verteilen. Die Backtemperatur beträgt 175°, Backzeit bei beiden Varianten 35 Min.

raffiniert

Kleckselkuchen

FÜR 1 BACKBLECH

➤ 420 g Mehl
  1 Päckchen Trockenhefe
  150 g Zucker | Salz
  1/4 l Milch
  150 g Butter | 1 Ei
  4 Birnen
  2 EL Zitronensaft
  1 Päckchen Vanillezucker
  200 g Preiselbeeren
  (aus dem Glas)
  120 g Mandelblättchen
➤ Für das Blech: Butter

🕒 Zubereitung: 2 Std.
🕒 Ruhezeit: 45 Min.
🕒 Backzeit: 25–30 Min.
➤ Bei 20 Stück pro Stück ca.:
  240 kcal

1 | Mehl mit Hefe, 80 g Zucker und 1 Prise Salz vermischen. Milch erwärmen, darin Butter schmelzen lassen, lauwarm mit dem Ei unter das Mehl rühren und verkneten. Teig 45 Min. gehen lassen.

2 | Teig durchkneten, auf dem gefetteten Blech ausrollen, Ränder etwas hochdrücken. Weitere 20 Min. gehen lassen.

3 | Birnen schälen, putzen, klein würfeln, in 4 EL Wasser und Zitronensaft, mit 2 EL Zucker und Vanillezucker 4 Min. dünsten. Ofen auf 200° vorheizen.

4 | Kleine Mulden in den Teig drücken, darin abwechselnd Birnen und Preiselbeeren verteilen. Restliche Butter in Flöckchen dazwischen setzen. Mit Mandeln und übrigem Zucker bestreuen. Im Backofen (Mitte, Umluft 180°) 25–30 Min. backen. Schmeckt lauwarm am besten.

raffiniert

Himbeer-schnitten

FÜR 1 BACKBLECH

➤ 4 Eier
  400 g Mehl | Salz
  300 g Zucker
  250 g kalte Butter
  450 g Himbeermarmelade
  200 g gemahlene Mandeln
  400 g Himbeeren
  1 Päckchen roter Tortenguss
  2 EL Puderzucker
➤ Für das Blech: Butter

🕒 Zubereitung: 40 Min.
🕒 Backzeit: 35 Min.
🕒 Kühlzeit: 1 Std.
➤ Bei 30 Stück pro Stück ca.:
  245 kcal

1 | Eier trennen. Aus Mehl, 2 Prisen Salz, 100 g Zucker, der in Stücke geschnittenen Butter und den Eigelben einen glatten Teig kneten. In Klarsichtfolie gewickelt 1 Std. kühl stellen.

2 | Den Ofen auf 180° vorheizen. Den Teig auf dem gefetteten Blech ausrollen. Die Marmelade darauf verstreichen.

3 | Eiweiße mit restlichem Zucker steif schlagen, Mandeln unterheben, Masse über die Marmelade streichen. Im Ofen (Mitte, Umluft 160°) 35 Min. backen. Noch warm in 30 Stücke schneiden.

4 | Himbeeren verlesen. Tortenguss nach Packungsvorschrift zubereiten. Himbeeren locker auf den Stücken verteilen und mit Tortenguss überziehen. Zum Servieren mit Puderzucker bestäuben.

gut vorzubereiten

Pflaumenkuchen mit Streuseln

FÜR 1 BACKBLECH

➤ Für den Teig:

400 g Mehl

1 Päckchen Trockenhefe

150 ml lauwarme Milch

100 g Zucker | 1 Ei

60 g Butter

2 kg Pflaumen oder Zwetschgen

➤ Für die Streusel:

200 g Mehl

50 g gemahlene Mandeln

200 g Zucker

1 TL Zimt

150 g weiche Butter

➤ Für das Blech: Backpapier

🕐 Zubereitung: 1 Std. 30 Min.

🕐 Ruhezeit: 40 Min.

🕐 Backzeit: 50 Min.

➤ Bei 20 Stück pro Stück ca.: 310 kcal

1 | Mehl und Hefe in einer Schüssel vermischen. Milch, Zucker, das Ei und die Butter in kleinen Stückchen dazugeben und alles rasch zu einem glatten Teig verarbeiten. Abgedeckt an einem warmen Ort 40 Min. gehen lassen.

2 | Die Pflaumen waschen und entsteinen. Die Hälften nochmals längs, aber nicht ganz durchschneiden. Das Backblech mit Backpapier belegen.

3 | Den Teig kneten und ausrollen. Auf das Blech legen und die Teigränder etwas hochdrücken. Die Pflaumen dachziegelartig darauf verteilen. Den Teig 10 Min. ruhen lassen. Den Ofen auf 200° vorheizen.

4 | Inzwischen für die Streusel Mehl, Mandeln, Zucker, Zimt und Butter vermischen und mit den Fingerspitzen zu Streuseln krümeln, über die Pflaumen geben.

5 | Den Kuchen im Ofen (Mitte, Umluft 180°) 40 Min. backen.

➤ Variante: Wenn es mal schneller gehen soll, einfach 4 EL Hagelzucker mit 1 TL Zimtpulver vermengen und anstatt der Streusel über die Pflaumen geben.

TIPPS

➤ Pflaume oder Zwetschge? Erstere sind rundlicher und haben eine deutliche Fruchtnaht. Sie lassen sich nicht so gut wie Zwetschgen entsteinen. Zwetschgen haben weniger Wasser und mehr Zucker als Pflaumen, deshalb sind sie ideal für Kuchen.

➤ Gegen die unvermeidbaren hässlich braun verfärbten Finger nach dem Pflaumenentsteinen hilft sehr gut frischer Zitronensaft.

➤ Zum Pflaumenkuchen – egal ob mit Streuseln oder mit Hagelzucker gekrönt – sollten Sie unbedingt geschlagene, leicht gesüßte Sahne reichen.

für Gäste

Feiner Quarkkuchen

FÜR 1 TIEFES BACKBLECH

➤ 2 kg Magerquark

250 g Rosinen

1 Tasse Rum (ersatzweise Apfel- oder Traubensaft)

450 g Mehl

350 g kalte Butter

50 g Marzipanrohmasse

100 g Zucker

2 Päckchen Vanillezucker

Salz

6 Eier

Saft und abgeriebene Schale von 2 unbehandelten Zitronen

250 g Aprikosenmarmelade

50 g Zwieback

200 g Puderzucker

➤ Für das Blech: Butter

🕑 Zubereitung: 2 Std.

🕑 Backzeit: 45 Min.

➤ Bei 20 Stück pro Stück ca.: 485 kcal

1 | Den Quark in einem Sieb (siehe Tipp) sehr gut abtropfen lassen. Die Rosinen in eine kleine Schüssel geben und den Rum darüber gießen.

2 | Das Mehl auf eine Arbeitsfläche sieben, anhäufeln und in die Mitte eine Mulde drücken. 250 g Butter und das Marzipan in kleinen Stücken auf dem Rand verteilen. Zucker, Vanillezucker, 1 Prise Salz, 1 Ei und 1/2 TL Zitronenschale in die Mulde geben. Alles mit einem großen Messer grob durchhacken, dann rasch mit den Händen zu einem glatten Teig verkneten. Zur Kugel formen, in Klarsichtfolie wickeln und 1–2 Std. kühl stellen.

3 | Den Mürbeteig auf Blechgröße ausrollen, auf das vorbereitete Blech legen und dabei einen Rand hochdrücken. Mit einer Gabel mehrmals einstechen. Mit der Marmelade bestreichen. Die Rosinen in einem Sieb abtropfen lassen (Rum aufheben), auf der Marmelade verteilen. Die Zwiebäcke darüber reiben.

4 | Restliche Eier trennen. Den Quark mit Eigelben, Zitronensaft und restlicher Schale, Rum, 100 g Butter, 1 Prise Salz und 100 g Puderzucker verrühren. Den Backofen auf 200° vorheizen.

5 | Eiweiße mit 100 g Puderzucker (2 EL zum Bestreuen aufheben) steif schlagen, unter den Quark heben. Die Quarkmasse auf dem Kuchen verstreichen und im Ofen (Mitte, Umluft 180°) 45 Min. backen. Nach dem Abkühlen mit Puderzucker bestäuben und in Stücke schneiden.

TIPP

Quark entweder in einem Tuch fest ausdrücken oder in einem Sieb mindestens 4 Std. (besser über Nacht) abtropfen lassen.

schmeckt frisch am besten
Biskuitboden

FÜR 1 BACKBLECH

➤ **6 Eier**

100 g Zucker

1 Päckchen Vanillezucker

Salz

abgeriebene Schale von 1 unbehandelten Zitrone

100 g Mehl

80 g Speisestärke

➤ **Für das Blech: Backpapier und Butter**

🕐 Zubereitung: 30 Min.

🕐 Backzeit: 8–10 Min.

➤ Bei 20 Stück pro Stück ca.: 75 kcal

1 | Den Backofen auf 220° vorheizen. Das Blech mit Backpapier belegen und leicht einfetten. Die Eier trennen. Die Eigelbe mit 60 g Zucker, Vanillezucker, 1 Prise Salz, Zitronenschale und 2 EL Wasser schaumig rühren.

2 | Die Eiweiße mit dem restlichem Zucker steif schlagen. Zuerst die Hälfte Eischnee unterrühren, dann Mehl und Speisestärke dazusieben und

zum Schluss restlichen Eischnee unterheben.

3 | Die Teigmasse mit einem Teigschaber gleichmäßig auf dem Blech verstreichen. Im Ofen (Mitte, Umluft 200°) in 8–10 Min. hellgelb backen. Danach Biskuit leicht abkühlen lassen, auf eine Platte stürzen, das Papier abziehen und den Biskuitboden beliebig weiterverwenden.

Varianten:

Biskuitrolle

Den frisch gebackenen Biskuit auf ein mit Zucker bestreutes Küchentuch stürzen. Das Papier abziehen, den Boden mit Konfitüre bestreichen und aufrollen.

Oder den Boden zunächst aufrollen, dann auskühlen lassen. Wieder ausgerollt mit Früchten, Quarkcreme oder geschlagener Sahne (auch mit Früchten nach Wahl gemischt) füllen und wieder aufrollen. Mit Puderzucker bestäuben und in Scheiben schneiden.

Obst-Tortenboden

Den abgekühlten Biskuitboden mit beliebigem Obst belegen (z. B. Ananas, Erdbeeren, Himbeeren, Trauben, Kirschen, enthäuteten Aprikosen, Pfirsichen usw.). Vorher nach Belieben geschlagene Sahne, Quarkcreme oder Pudding auf den Teig streichen und dann erst mit Obst belegen. Den fertigen Obstboden mit rotem oder weißem Tortenguss (je nach Früchten) überziehen.

Biskuitplätzchen

Den Teig auf ein mit Zucker bestreutes Backpapier stürzen, das Papier abziehen und den Boden mit warmer Aprikosenmarmelade bestreichen. Den Teig halbieren, die bestrichenen Teile aufeinander legen. Den Teig mit beliebigen Plätzchenformen (z. B. Herzen, Sterne, Kringel) ausstechen. Die Plätzchen mit Schokoladenglasur überziehen und mit Zuckerguss, bunten Streuseln oder Perlen verzieren.

Immer wieder gut

Berühmte Blechkuchen-Klassiker, die in keiner Rezeptsammlung fehlen dürfen und jeden Kaffeetisch zieren. Vielleicht etwas aufwändiger, aber der Einsatz lohnt sich: bei Donauwellen und Sächsischer Eierschecke kommen Blechkuchen-Enthusiasten ins Schwärmen. Dafür kommen unsere Blitz-Apfel- und Mandel-kuchen ganz leicht und schnell aus dem Rohr auf den Tisch.

Blitzrezepte

Mandelkuchen

FÜR 1 BACKBLECH

➤ 1 Becher saure Sahne (200 g)
2 Becher Zucker | 2 Becher Mehl
1 Päckchen Vanillezucker | 1 Päckchen
Backpulver | 200 g Butter | 150 g Man-
delblättchen | 2 EL Milch | Backpapier

1 | Ofen auf 180° vorheizen. Sahne in eine
Schüssel geben, Becher säubern zum
Abmessen. Sahne mit 1 Becher Zucker,
Mehl, Vanillezucker und Backpulver zu
einem Teig rühren. Auf dem Blech verstreichen, im Ofen (Mitte, Umluft 170°)
15 Min. backen.

2 | Butter schmelzen, Mandeln leicht
anbräunen. Restlichen Zucker einrühren,
Milch angießen. Auf dem Kuchen verteilen
und in 20 Min. fertig backen.

Apfelkuchen

FÜR 1 BACKBLECH

➤ 600 g Mehl | Salz | 250 g Zucker
350 g kalte Butter | 4 Eier | 1,5 kg
Äpfel | 50 g Rosinen | Backpapier

1 | Mehl, 3 Prisen Salz, 200 g Zucker, 300 g
Butter zu einem Teig kneten. Eine Häfte
auf dem vorbereiteten Blech ausrollen, die
andere backblechgroß ausrollen. Ofen auf
200° vorheizen.

2 | Äpfel waschen, putzen, in Spalten
schneiden, mit den Rosinen auf das Blech
geben, mit der zweiten Teighälfte ab-
decken, Ränder andrücken. Mit Butter-
flöckchen besetzt und restlichem Zucker
bestreut im Ofen (Mitte, Umluft 180°)
20 Min. backen.

braucht etwas Zeit
Sächsische Eierschecke

FÜR 1 BACKBLECH
➤ Für den Hefeteig:
400 g Mehl
1 Würfel Hefe (42 g)
1/8 l lauwarme Milch
100 g Zucker
150 weiche Butter
Salz
➤ Für die Puddingmasse:
1/2 l Milch
1 Päckchen Vanille-
puddingpulver
150 g Butter
75 g Zucker
➤ Für die Quarkmasse:
6 Eier
1 kg Quark (20 %)
100 g Zucker
2 Päckchen Vanillezucker
1 EL abgeriebene Zitronen-
schale│Salz
100 g Mandelblättchen
100 g Rosinen
➤ Zum Bestreichen:
50 g Butter
50 g Zucker
➤ Für das Blech: Butter

🕐 Zubereitung: 2 Std. 45 Min.
🕐 Ruhezeit: 1 Std.
🕐 Backzeit: 45 Min.

➤ Bei 20 Stück pro Stück ca.:
430 kcal

1│Für den Teig das Mehl in eine Schüssel sieben, in die Mitte eine Mulde drücken. Die Hefe hineinbröckeln und mit 4 EL Milch, 1 TL Zucker und etwas Mehl vom Rand zu einem Vorteig verrühren. Zugedeckt an einem warmen Ort 20 Min. gehen lassen. Butter, restliche Milch, Zucker und 2 Prisen Salz dazugeben. Alles gut durchkneten und zugedeckt 45 Min. gehen lassen. Das Blech einfetten.

2│Die Milch erhitzen, 4 EL davon abnehmen und das Puddingpulver anrühren. Butter und Zucker in der Milch schmelzen lassen und den Pudding nach Packungsanweisung kochen. Abkühlen lassen, dabei ab und zu umrühren.

3│2 Eier trennen. Eigelbe mit Quark, Zucker, Vanillezucker, Zitronenschale, 1 Prise Salz und Mandeln gut verrühren.

Den Teig auf dem Blech ausrollen. Die Quarkmasse darauf streichen und mit den Rosinen bestreuen.

4│Die restlichen 4 Eier trennen, Eigelbe unter die abgekühlte Puddingmasse rühren. Alle 6 Eiweiße steif schlagen und darunter heben. Die Puddingmasse auf den Quarkbelag streichen. Im Ofen bei 160° (Mitte, Umluft 150°) 45 Min. backen. Die Butter zerlassen, den heißen Kuchen damit bestreichen. Mit Zucker bestreuen und auskühlen lassen.

für Gäste
Stelzener Marzipankuchen

FÜR 1 BACKBLECH

➤ **Für den Teig:**
  200 g weiche Butter
  200 g Zucker
  3 Eier
  200 g Mehl
  1/2 Päckchen Backpulver
  Salz
  150 g saure Sahne
  2 EL Kakao
➤ **Für das Marzipan:**
  250 g Butter
  200 g Puderzucker
  250 g Grieß
  1 EL Rum
  4 Tropfen Bittermandel-
  aroma
➤ **Für die Glasur:**
  125 g Kokosfett
  125 g Puderzucker
  2 EL Kakao
  2 EL Rum
  1 Ei
➤ **Für das Blech: Backpapier**
➤ **Zum Bestreuen: Zucker-
  streusel**

🕐 Zubereitung: 1 Std. 30 Min.
🕐 Backzeit: 25–30 Min.
➤ Bei 20 Stück pro Stück ca.:
  435 kcal

1 | Den Backofen auf 180° vorheizen. Das Blech mit Backpapier belegen.

2 | Butter und Zucker cremig rühren, nach und nach die Eier unterrühren. Mehl und Backpulver dazusieben. 1 Prise Salz, Sahne und den Kakao unterarbeiten. Den Teig auf das Blech streichen und im Ofen (Mitte, Umluft 160°) 25–30 Min. backen.

3 | Für das Marzipan die Butter schmelzen. Zucker und Grieß einrühren, kurz aufkochen lassen. Rum und Mandelaroma dazugeben und die Masse sofort auf dem Kuchen verstreichen.

4 | Für die Glasur Kokosfett schmelzen und etwas abkühlen lassen. Puderzucker mit Kakao mischen, Rum und Ei verquirlen. Alles mit dem Kokosfett verrühren und auf dem Marzipan verstreichen. Mit Zuckerstreuseln bestreuen und bis zum Servieren kühl stellen.

TIPP
Das kleine Dorf Stelzen in Thüringen ist berühmt für seine Blechkuchen und die inzwischen legendären Musikfestspiele. Da es echtes Marzipan zu DDR-Zeiten kaum gab, waren die Stelzener Kuchenbäckerinnen erfinderisch und fertigten aus Butter, Puderzucker, Grieß und Mandelaroma ihr spezielles Stelzener Marzipan.

Klassiker

Donauwellen

FÜR 1 BACKBLECH

➤ **Für den Teig:**
250 g weiche Butter
200 g Zucker
1 Päckchen Vanillezucker
5 Eier
Salz
375 g Mehl
1 Päckchen Backpulver
2 Gläser Schattenmorellen
(370 g netto)
2 EL Kakao
1 EL Milch

➤ **Für die Buttercreme:**
1 Päckchen Vanille-
puddingpulver
1/2 l Milch
75 g Zucker
200 g weiche Butter

➤ **Für den Guss:**
200 g Zartbitterschokolade
50 g Kokosfett (2 Würfel)

➤ **Für das Blech:** Backpapier

🕐 Zubereitung: 2 Std.
🕐 Backzeit: 40 Min.
➤ Bei 20 Stück pro Stück ca.:
445 kcal

1 | Die Butter mit dem Zucker und Vanillezucker cremig rühren. Nacheinander die Eier und 2 Prisen Salz unterrühren. Das Mehl und Backpulver dazusieben. Den Backofen auf 180° vorheizen. Die Kirschen in einem Sieb abtropfen lassen.

2 | Das Blech mit Backpapier belegen und knapp zwei Drittel des Teiges auf das Blech streichen. Kakao und Milch unter den restlichen Teig rühren. Den dunklen Teig gleichmäßig auf den hellen Teig streichen. Die abgetropften Kirschen darauf verteilen, leicht in den Teig drücken. Den Kuchen im Ofen (Mitte, Umluft 160°) 35–40 Min. backen. Auskühlen lassen.

3 | Für die Buttercreme Puddingpulver mit Milch und Zucker nach Packungsanweisung kochen. Kalt stellen, ab und zu durchrühren. Die Butter geschmeidig rühren und nach und nach den Pudding unterrühren. Die Creme auf den abgekühlten Kuchen streichen.

4 | Die Schokolade zerbröckeln, mit dem Kokosfett im heißen Wasserbad geschmeidig rühren. Unter Rühren etwas abkühlen lassen und auf die fest gewordene Buttercreme gießen. Mit einem Tortenkamm (oder Gabel) wellenförmige Linien durchziehen.

TIPP
Sie können problemlos auch einen fertig gekauften Schokoladenguss aus dem Supermarkt verwenden.

Zum Gebrauch

Damit Sie Rezepte mit bestimmten Zutaten noch schneller finden können, stehen in diesem Register zusätzlich auch beliebte Zutaten wie Mandeln oder Quark – ebenfalls alphabetisch geordnet und **halbfett** gedruckt – über den entsprechenden Rezepten.

Die Autorin

Gudrun Ruschitzka in Sachsen geboren, begann mit einem Facharbeiterbrief als Köchin ihre berufliche Laufbahn. Die Bibliothekarschule in Leipzig und mehrere Semester Kunstgeschichte vertieften die Interessen an Büchern, an Kultur, an Lebensart. Seit 25 Jahren lebt sie in München, arbeitete bei einem international renommierten Partyservice und hat bereits an vielen GU-Kochbüchern mitgewirkt.

Der Fotograf

Jörn Rynio arbeitet als Fotograf in Hamburg. Zu seinen Auftraggebern gehören nationale und internationale Zeitschriften, Buchverlage und Werbeagenturen. Aus seinem Studio stammen alle Rezeptfotos in diesem Band. Tatkräftig unterstützt wurde er dabei von der Foodstylistin Martina Mehldau.

Bildnachweis

Jörn Rynio, Hamburg

Hinweis

Die Temperatustufen bei Gasherden variieren von Herstelller zu Hersteller. Welche Stufe Ihres Herdes der jeweils angegebenen Temperatur entspricht, entnehmen Sie bitte der Gebrauchsanweisung.

Redaktionsleitung:
Birgit Rademacker
Redaktion:
Stefanie Poziombka
Lektorat: Bettina Bartz
Layout, Typografie und Umschlaggestaltung:
Independent Medien Design, München
Herstellung:
Helmut Giersberg
Satz:
Verlagssatz Lingner
Reproduktion:
Repro Schmidt, Dornbirn
Druck und Bindung:
Druckhaus Kaufmann, Lahr

ISBN 3-7742-5450-8

Auflage 5. 4. 3. 2. 1.
Jahr   2007 06 05 04 03

GRÄFE
UND
UNZER

Ein Unternehmen der
GANSKE VERLAGSGRUPPE

Das Original mit Garantie

Ihre Meinung ist uns wichtig. Deshalb möchten wir Ihre Kritik, gerne aber auch Ihr Lob erfahren. Um als führender Ratgeberverlag für Sie noch besser zu werden. Darum: Schreiben Sie uns! Wir freuen uns auf Ihre Post und wünschen Ihnen viel Spaß mit Ihrem GU-Ratgeber.

Unsere Garantie: Sollte ein GU-Ratgeber einmal einen Fehler enthalten, schicken Sie uns das Buch mit einem kleinen Hinweis und der Quittung innerhalb von sechs Monaten nach dem Kauf zurück. Wir tauschen Ihnen den GU-Ratgeber gegen einen anderen zum gleichen oder ähnlichen Thema um.

Ihr Gräfe und Unzer Verlag
Redaktion Kochen
Postfach 86 03 25
81630 München
Fax: 089/41981-113
e-mail: leserservice@graefe-und-unzer.de